This book belongs to

~~~~~~

~~~~~~

Subject: Date: /   /

Subject:

Date: / /

Subject: Date: /   /

Subject: Date: /   /

Subject:

Date: / /

Subject: Date: /   /

Subject: Date: /   /

Subject:

Date: /   /

Subject: Date: /   /

Subject:

Date: / /

Subject: Date: /   /

Subject: Date: /   /

Subject: Date: /   /

Subject:

Date: /   /

Subject:

Date: / /

Subject:

Subject: Date: /   /

Subject: Date: /   /

Subject:

Date: / /

Subject: Date: /   /

Subject:

Date: /   /

Subject: Date: /   /

Subject: Date: /   /

Subject:

Date: /   /

Subject: Date: /   /

Subject:

Date: / /

Subject:

Date: /   /

Subject:

Subject:

Date: /   /

Subject: Date: /   /

Subject:

Date: /   /

Subject:

Date: / /

Subject: Date: /   /

Subject: Date: /   /

Subject: Date: /   /

Subject: Date: /   /

Subject: Date: /   /

Subject:

Subject: Date: /   /

Subject: Date: /   /

Subject: Date: /   /

Subject:

Date: /   /

Subject: Date: /   /

Subject:

Date: / /

Subject:

Date: / /

Subject: Date: /   /

Subject: Date: /   /

Subject: Date: /   /

Subject: Date: /   /

Subject: Date: /   /

Subject:

Date: / /

Subject: Date: /   /

Subject:

Date: / /

Subject: Date: /   /

Subject:

Date: / /

Subject: Date: /   /

Subject:

Date: / /

Subject:

Subject: Date: /   /

Subject: Date: /   /

Subject:

Subject:

Date: / /

Subject:

Date: /   /

Subject: Date: /   /

Subject: Date: /   /

Subject: Date: /   /

Subject:

Date: / /

Subject:

Date: /   /

Subject: Date: /   /

Subject:

Date: / /

Subject: Date: /   /

Subject: Date: /   /

Subject:

Made in the USA
Columbia, SC
11 April 2025

56492156R00057